AF272701

Tim Sturhan

Nebelfern verschollen

Gedichte

Warum?

Warum lese ich Bücher?
Wo ich sie vergesse
Wie man einen Traum vergisst?

Weil der Moment zählt und vielleicht
Etwas doch hängen bleibt
Und dann wieder kehrt
Im rechten Augenblick

Wie der Frühling
Nach einem langen Winter

Wie die Hoffnungsvollen Osterglocken
Die Lust machen auf mehr
Mehr Leben und
Einen warmen Barfuß-Sommer am See

Gefühlte Zeit

Gestern Morgen
schritt draußen der Herbst vorbei

Nachmittags
Jagte ihn der Wind
Winterlich davon

Schon gegen Abend
wehte dann der Duft
Des ersten Schnees
Zum Fenster herein

Heute Nachmittag nun
gurgelt die Kaffemaschine mit
Der alten Heizung um die Wette
Und im kleinen Fernsehgerät
Fliegen sie wieder Ski

Nachher
ist Weihnachten

Morgen
Ist Sylvester

Und dann, so Gott will
Wird es wieder Frühling werden

Noch einmal Pilze finden

Mitten im Herbst noch einmal Pilze finden
Obgleich die Nächte bereits frischer werden
Da kommt sie noch einmal zurück
Die Freude am Leben
Die Freude nach einer langen Suche
Doch noch und wirklich gefunden zu haben
Das bleibt

Wieder jung sein

Der alte Labrador schaut
Sehnsüchtig zur Türe hinaus

Er wartet auf seinen Herrn

Wenn er dann endlich kommen wird
Wird die Freude unbeschreiblich sein

Jetzt überwiegt noch das Warten
Dann jedoch wird es die Liebe sein

Er wird wieder jung sein
Und ohne Schmerzen

Dass ist seine Hoffnung
Darum wartet er treu

Aus Herbst wird Winter

Oft überrascht uns das Leben
Wie morgendlicher Neuschnee im November

Gerne schleicht er sich an über Nacht
Während wir noch Sommerträume hegen

Mit einem Male überpudert er das Land
Und Eisblumen erblühen am Fensterrand

Das Weiß schluckt unsre Winterschritte
Jedoch es führt kein Weg zurück

Und dann eines Morgens wird eine erste
Knospe sprießen
Und ein Vogel uns weckend den Frühling
verheißen

Damals in jugendlichem Frühling

Ich erinnere Dich schon lange
Zitternd und mit blauen Lippen
Zögernd vor dem Sprung

Ich kannte dich kaum das stimmt
Aber ich habe Dich geliebt
Doch den Kuss musstest Du verwehren

Du lerntest zu leben
In einer fernen Stadt
Mit neuen Freunden

Das ist nun Jahrzehnte her
Noch immer erkundest Du eine Welt
Die wohl doch nie ganz die meine war

Leb wohl
Ja wirklich
Leb wohl

Tee bei Dir

Tee bei Dir
Vorweihnachtlich
Mit Deiner Lieblingsmusik
Und dicken Wollsocken
Ich werd´s nie vergessen
Die Momente die mir geschenkt wurden
Mit Dir

Im Regen am Fluss
Reden über das befremdliche Leben

Es war eine gute Zeit
Ich gedenke ihr gern

Du bist ausgezogen in die Ferne
Und nicht zurückgekehrt

Ich hoffe Du hast gefunden was Du suchtest

Manchmal

Manchmal reicht ein Lied von den Bee Gees
Und es geht mir wieder gut

Früher

Steh doch mal früh auf
Früher
Um noch etwas geistige Nahrung zu atmen
Einen Spruch
Ein Gebet
Das ist so viel
Wert

Ein Weg

Ich bin im Keller die ganzen Bücher
durchgegangen
All die schweren alten Kisten habe ich
durchsucht
Und doch gemerkt dass ich sie schon
abgeschrieben habe
Ich habe sie tatsächlich hinter mich gebracht
und bin
Ein Glaubender geworden
Ich brauche sie nicht mehr
Es gibt viele Wege zu Gott
Jedoch gehen sollte man tunlichst nur einen
Sonst wird man ganz zerrissen und kommt
nirgends an

Vereint

Wo bist Du geblieben
zärtliche Herbstsonne?

Liebste Erde im Wandel
Wo sind Deine bunten Blätter hin?

Wann kehrst Du wieder ein
anmutiger Frühling?

Entzückender Sommer
Werd ich Dich noch einmal kennen?

Harter Winter, stehst uns bevor
Doch wir wollen Dich im Häuschen
am Kamin
verschlafen

Verschlafen erstehen wir
Zu neuem Leben einst

Und tanzen werden wir
Durch ein Meer aus bunter Blütenpracht

Dann wird der Winter nicht mehr sein
Und wir werden erlöst sein
Und leben→

In einem ewigen Sonnenstrahle Gottes
Vereint

In seiner Hand

Du gingst nicht verloren
Nur die Seite musstest Du wechseln

Nun lebst Du das ewige Leben
Im Reich welches wir alle einmal finden
werden

Und da wird keine Hölle sein
Kein Verderben
Auch kein Zähneknirschen

Nur noch Liebe wird bestehen
Ein jeder wird Einsicht bekommen
Und sich wandeln
Hin zu seinem Angesicht

In seiner Hand sind wir ewiglich geborgen
Dank dieser Gewissheit
Verdorrt alle Angst
Verwandelt sich in Hoffnung

Erfüllte Hoffnung
Heißt uns einst willkommen
Und wir treten ein
In sein golden schimmerndes Reich

Ich glaube an Gott!

Die Engstirnigen glauben
Nur sie erbten das Himmelreich

Das glaube ich nicht!

Andere glauben
Die Seele verschwimme

Das glaube ich nicht!

Zu viele glauben nicht an Gott

Ich glaube an Gott!

Runde

Eine Runde um die Burg gehen
An einem grauen Tag im Herbst
Die gelben und roten Blätter
Sind längst braun und matschig
Doch wir tragen die Sonne im Herzen
Und wissen um den neuen Frühling
Der da kommen wird

Ziel

Der Kauz ist verstummt
Mit dem trommelnden Regen
Im Zelt ist es dunkel und kalt

Nur der Schlafsack schützt wärmend den Leib
Um mich her liegt die knackende Urwaldwelt
Seit einem ganzen Leben wandre ich tiefer
hinein

Die wilden Wälder sind bewachsen mit Moos
Elfen und Feen wurden hier schon geseh´n
In ihren Tiefen verliert sich die Zeit

Hier sind Bären, Elche und manchmal ein
Wolf
In der Ferne sah ich sie huschen vorbei
Wen sie packen von dem lassen sie nicht

Im Morgennebel packe ich
Schwer beladen wandre ich
Dann seh´ ich am Mittag der Sonne Licht

Ein Ziel habe ich mir nicht gesetzt
Ich wandre seit jeher im Vertrauen auf Gott
Er wird es fügen zum guten Bild

Drinnen zünde ich eine Kerze an

Die Herbstsonne verbirgt sich hinter einer
Decke grauer Wolken
Drinnen zünde ich eine Kerze an
Und lese Anselm Grün

Bald wird sie weiß sein

Zum ersten Mal an diesem Tag
Bricht sich die Sonne Bahn
Durch die immer grauen Wolken

James Taylor singt
„You've Got A Friend"
Und es ist Herbst

Der Winter kommt bald
Ohne Jacke geht es nun nicht mehr
Der Hund muss dennoch raus

Von hier aus unterm Dach
Kann ich die Eifel sehen
Bald wird sie weiß sein

Der Himmel verschließt seine Wolkendecke
Und es will Abend werden
Schon dunkelt es

Ein paar Seiten Gebet noch
Dann schlafe ich in den Feiertag hinein
Gute Nacht

Seelenhaus

Im Wald
Im tiefen Wald
Auf einer geheimen Lichtung
Steht mein Seelenhaus

Es versteckt sich dort
Vollkommen geborgen
Vor der Außenwelt
Hier bin ich ganz Daheim

Hier bin ich in Sicherheit
Was auch in der Außenwelt geschieht
Wenn es draußen stürmt
Hier kann ich behaglich ruhen

In jeder Situation bin ich
Auf meiner Lichtung
In meinem Seelenhaus
Und schaue gelassen zum Fenster hinaus

Ich lausche dem Regen
Ich rieche den Wald
Wann immer ich will
Genieß ich den Segen

Dies ist mein Seelenhaus→

Jedoch: Auch Du besitzt eins
Mache Dich auf und entdecke
Was zu innerst das Deine ist

Es mag ein Leuchtturm sein auf einer Klippe
Ein Ballon im Himmel
Ein weiches Nest im Lebensbaum
Oder gar eine Burg wie bei Teresa von Avila

Folge der Spur
Lebe den Traum
Zieh noch heute ein
In dein Seelenhaus

Dort kannst Du für immer gelassen sein

Hinaus in den Wald

Mein Seelenhaus besitzt
Ein Dach aus weichem Waldboden
Aus Moos
Und aus Gras

Die große Holztür ist so herrlich blau
Mit goldenen Verzierungen
Die Fenster sind groß und rund
Und immer brennt im Kamin ein Feuer

Eine Kanne frischen Kaffees wartet auf dem
Tischchen
Von meinem Bett aus schau ich
Hinaus in den Wald
Oder wenn ich mag
In die Welt
In der mein Körper
Sich gerade bewegt

Mein Körper mag noch in der Welt wandeln
Meine Seele ist hier
Wann immer ich mag
In Sicherheit
Meinem persönlichen Himmel

Wenn ich einst sterbe→

Hier bin ich daheim
Du kannst mich besuchen
Wann immer Du magst

Jeder von uns hat ein solches Zimmerchen
Bei Gott
Für immer
Bei Gott

Was es auch sei

Wie schaut Dein Seelenhaus aus?
Ist es eine Glaskuppel im Meer?
Oder eine persönliche Raumstation?
Bei mir ist es ein Häuschen im Seelenwald

Vielleicht ja bei Dir ein fremder Planet
Oder auf Sturm gepeitschter Klippe ein Turm
Oder ein Ballon im Abendhimmel
Es mag eine Hütte in den Bergen sein
Oder eine Höhle tief darin versteckt
Eine Insel
Ein Bötchen auf dem Lebenssee

Was es auch sei
Dort ist Deine Seele Daheim und
Zu Haus
Schon heut

Nirgendwo

Die Kanne
Glitzert golden
Im Feuerschein

Die Tanne
Duftet harzend
Zum Fenster herein

Der Wagen steht
Im Nirgendwo

Im Dunkeln setzt prasselnd
Der Regen ein

Leuchtend vorbei

Es dämmert
Jeden Tag ein bisschen früher

Draußen riecht es bereits
Nach rauchenden Kaminen

Auf der Plantage sind alle
Äpfel fortgetragen

Ein leerer Bus fährt leuchtend vorbei
Die Fahrbahnmarkierung glitzert
Im Scheinwerferlicht

Dann beginnt es
Zu regnen

Endlich daheim
Heut geht es früh
Ins Bett

Weshalb man hier an Trolle glaubt

Norwegische Nacht mit Dämmerlicht
Über Stunden und Stunden
Mit Nebel und fahlem Mondschein

Ich wandre über die lange Brücke
Zurück zum Zeltplatz
Tromsö

Eisig umweht mich der Wind
Neben mir geht es senkrecht in die Tiefe
Das Wasser wäre der Tod

Endlich verstehe ich weshalb
Man hier an Trolle glaubt:
Sie belauern mich
Sie beobachten
Sie kreisen mich ein
Aber bleiben doch immer gut versteckt

Karierter Vorhang

Kleinstadt bei Nacht
Die Einwohner schlafen
Nur ein paar haben noch das Fernsehen an
Im einzigen Bistro geht das letzte Licht aus
Gute Nacht sage ich zu mir selbst
Und ziehe den karierten Vorhang zu

Man lebt heut mehr im Internet

Die meisten Läden haben dicht gemacht
Man lebt heut mehr im Internet
Die Gassen sind verwaist
Nur eine alte Frau hält noch am Fenster wacht

Die meisten Menschen leben inzwischen allein
Mehr virtuell aber eigentlich einsam
Gehen sie nicht mehr hinaus
Ach es ist alles Schein

Und wenn doch einer raus geht
Dann klebt das Gerät dicht vor den Augen
Die Ringe haben von der Erreichbarkeit
Einfach jeder schielt hinein wo er geht und steht

Die alte Frau wünscht sich Besuch
Doch der kommt nicht mehr
Sie hat kein Internet
Ist verschont vor diesem Fluch

Die Kehrseite ist die *offenbare* Einsamkeit
Die die Vernetzten nur scheinbar nicht kennen
Die die den Selfies und allen Trends nachrennen
O je diese unerträgliche altersbedingte
Abgeschiedenheit!

Entsetzen

Da erhebt sich ein junger Mann in der Bahn
Legt das Smartphone aus der Hand
Und schaut sein Gegenüber an
Eine hübsche junge Frau

Entsetzen packt die Mitfahrenden
Die von ihrem Bann sich für Momente lösen
Und nicht mehr scharf sehen können
Ob des modernen Sklavenhalters in ihren
Händen

„Das ist doch unmodern" murrt einer
„In welcher Sekte ist dieser Mensch?!"
 Fragt eine Frau

Ein kurzer Augenblick
Dann gibt er auf und starrt erneut
In seine moderne Apparatur
Vielleicht ist sie ja bei Facebook

Heute

Man läuft heute nicht mehr
Barfuß durch den Wald
Eigentlich läuft man
gar nicht mehr viel
Nur das Internet läuft
Immerzu

Man lernt sich heute nicht
mehr persönlich kennen
Eigentlich lernt man sich
gar nicht mehr kennen
Man lehnt nur Einzelbilder
ab auf der Dating-Seite

Und das Gegenüber muss
makellos sein
Das geht
mit Photoshop

Wenn der Prinz sich dann
als Mensch entpuppt
Und der Disney-Traum zerplatzt
Ist man enttäuscht und schaut nach
Weiteren Photoshop-Perfektionisten

Wandern geh´n

Am offenen Fenster der alten Bibliothek
Steht der Student und schaut sehnsuchtsvoll
ins Gebirge

Derweil fällt unten im Park ein alter Mann von
der Bank
Und wer es sieht, der geht einfach so vorüber

Der Mensch will ins Gebirge
Doch vergisst er seinen Wunsch

Von hier oben sieht die Welt so
vielversprechend aus:
Die Sonne bescheint alles so recht schön

Doch Leben und Sterben geschehen ja unter
Demselben Stern

Der schwere Vorhang wiegt im Wind hin und
her
Und der Student muss seufzen

Er möchte gerne wandern geh´n
Und wieder spielen auf der großen
Lebenswiese

Doch sein Plan verwahrt ihn vorerst hier
S gibt doch noch so viel zu studieren
Zu lesen in alten, verstaubten Bänden

Aber bald, bald wird er es endlich wagen
Er wird hinschmeißen, den alten Mann wecken
Und mit ihm in die Ferne fließen

Mondstaub

Im Museum zeigen sie ein bisschen
Mondstaub in einer Vitrine
Und die Menschen kommen und staunen
Am Wegrand liegt ein Mann im Staub
Und die Menschen kommen und gehen vorbei

Bernstein und Blau

Zwei Augen
Eine Seele
Bernstein und
Blau

Zwei funkelnde
Wundervolle
Aufrecht und
Treu

Mozart-Schimmer

Als die Nacht begann
Es war im kalten Märze
Erklang ein leiser
Mozart-Schimmer

Dorthin näherte ich mich an
Schon blinkte durch die Tintenschwärze
Der edle Kronleuchter,
Königszimmer

Ich pirschte mich ganz nah heran
Und sah so manche helle Kerze
Es ist so ungerecht,
noch immer

Fantasie

Was musst ich hören
Die Silbermiene ist nicht mehr

Und mit ihr fort sind die Figuren
Die sich so mechanisch drehten

Eine ganze Welt ist vergangen
Jahrzehnte fantastische Geschichte

Wie oft fuhren wir vorüber
Wo scheinbar Felsen fielen

Wo getanzt wurde
Und gekämpft

Und auch die Drachenbahn ist abgebrochen
Die so gemütlich über den Köpfen schwebte

So oft sind wir ins Drachenmaul getaucht
Hinein in eine ferne Märchenwelt

Es muss sich ja alles
Immer schneller dreh´n

Herbsttag

Trübe trottet der Herbsttag
Durch den Stadtpark
Pustet noch das letzte Blatt vom Baum
Und bedauert, dass nun der Winter kommt

Graues Schieferdach

Das braune Laub fällt zum Beweis
Dass der Winter kommt
Aufs graue Schieferdach

In der Schöpferstube drinnen
Wo Kunst erschaffen wird
Sitzt der Künstler leise

Er lauscht auf seine Seele
Und was die zu sagen hat
Das vermerkt er weise

Schneefallgrenze

Die Schneefallgrenze hat in der Nacht
Das kleine Eifeldorf gefunden

Alles schläft und träumt vom Sommer
Vom barfuß durch die Wälder laufen

Nur Tante Anne
Hält am kleinen Fenster wacht
Und schaut auf die blitzenden Kristalle
Sie sind einzigartig, alle!

Im Ohrensessel verweilt sie seelenruhig
Mit einer Kerze und mit reichlich Tee
Ein Gedicht noch
Gute Nacht

Ein Gedicht

Wenn mein kleines Lämpchen leuchtet
Und Chopin spielt
Fühl ich mich behaglich
Dann entsteht mitunter ein Gedicht

Sommertraum

Kam auch zu Dir, Liebste
Letzte Nacht
Ein Sommertraum?

Ich sah Dich, jung wie einst
Durch eine Welt aus Blüten treiben
Hin zu einer kleinen Insel
Eine wie damals, Du erinnerst Dich

Ach, ist das wirklich schon ein Leben her?
Doch schau, wir sind noch immer da
Dann kann's so lang nicht sein!

Meine Seele fühlt sich Frühlings-jung
Wird immer wieder neu
Durch Dich

Meine Zeilen

Heilig sind mir ja
Die vielen kleinen Werke der Meister ihrer
Zunft

Sie haben vielen schon so manche Nacht
erhellt
Es ist meine Leidenschaft es ihnen gleich zu
tun

Denn wenn ich einst fort bin wird man doch so
hoffe ich
Sich erinnern noch an das ein oder andere
Gedicht

Es wär so schön, wenn etwas von mir bleibt
Wenn mich erst die Zeit vertreibt

Wenn der Herr mich ruft dann muss ich geh´n
Nur meine Zeilen bleiben steh´n

Die Spieluhr

Die Spieluhr spielt fein
Eine kleine Melodie
Ist das nicht Chopin?
Draußen ist Herbst

Sie

Noch immer ach Du ahnst es schon
Vermag ich es nicht zu lesen
Kenn ich denn das alles nicht bereits?
Viele Worte werden da herum gedichtet
Aber eigentlich geht es immer nur um Sie

Er

Buchstaben
Ach
So viele Buchstaben!
Bitte
Ein bisschen mehr Ruhe!
Sonst find ich Ihn nicht.

Gegenwart

Mit dem Hund an der Leine
Zur Wiese geh'n
Spielplatz mit
Alter Rutsche

Jugendlicher Übermut
Damals

Fliehende Amsel
Kamingeruch
Vertrocknete Gräser
Orange-blaue Dämmerung

Später Herbst
Gegenwart

Morgen

Die Heizung röhrt wie ein Hirsch
Um fünf nach halb
Die Kollegen trudeln ein
Der Morgen fühlt sich nächtlich an

Fort

Im Rosengarten dort
Zerriss die Kleidung
Bis aufs letzte Hemd
Nun bin ich nackt
Und Du bist fort

Reiter

Menschen ziehen zu schnell weiter
Wenn das Liebesbild zerbricht

Wenn´s drauf ankommt
Galoppiert der Reiter

Zu bleiben das vermag er nicht

Goldene Worte

Hausgeranke rot-orange
Nicht weit zum Laden

Golden strahlen Worte aus
Ein ganzer Raum voll Poesie

Eines wähl ich aus
Nehms mit nach Haus

Und dann les ich hinein
In diese Herbst-Dunkelheit
Bei Kerzenschein

Mantel

Spätherbstlicher Abendgruß
Lampenspiegelung im Fensterkreuz

Vom Graben in der Kälte
Wurde mir heut Sommerwarm

Nun ist Laternenabend
Wer möchte nicht den Mantel teilen?

Amseln

Der kleine Garten ruht im Winter
Aus einem Fachwerk-Fenster
Schaut Liselotte Amseln

Mit leuchtenden Schnäbeln
Picken sie einen Apfel auf
Dann fliegen sie ins Geäst
Und plustern sich auf

Der kleine Teich ist gefroren
Die Welt schläft

Gedichte

Bitte Liebste:

Spiel mir ein klassisches Stück
So von Chopin…

Ich glaub ich kann Dich lesen wenn Du spielst
Deine Zärtlichkeit erspüren

Zum Schluss verklingt der letzte sanfte Klang
Und mir kommt eine Strophe in den Sinn

Eine die von Engeln spricht
So entsteht ein Gedicht

Poesie-Umgeben

Schirmlampe
Warmes Licht
Beschimmert
Die Lyrik
Auf ihren Thronen

Poesie-Umgeben
Möchte meine Seele wohnen

Das ein oder and´re Wunderwort
Bring ich am Abend flüsternd zum Leben
Dann träum ich im Schlafe ganz
Hinein

Erfunden

Ich fühle mich so unverbunden
Und allvergessen hier im Dunkeln
Hab Dir ein Vögelchen gefunden
Lass zu seinem Liedchen schunkeln

Ich möcht vor dir Bekunden
Trotz der schweren Blätter
Ich fühl mich an Dich gebunden
Bei jedem Wind und Wetter

Ein Herbststurm kann verwunden
Nun sind alle Blätter fort
Hab den Sommer überwunden
Und stehe nackt zu Deinem Wort

Oh Schreck Du bist verschwunden
Wo kann wo soll ich hin
Willst Du mich verwunden
Ich weiß nicht wo ich bin

Du musst' mich überrunden
Und an der Spitze steh´n
Ich hatte Dich erfunden
Ach, auf Wiedersehn

Jung

Mit den Winden die da weh'n
Muss ich bloß im Regen steh'n

Ich werd Dich sehr vermissen
Dein Wort leis' an meinem Ohr
Was mir doch die Liebe schwor
Das Band es ist zerrissen
Ich war zu sicher und verbissen
Ich war jung und konnt's nicht wissen

Wunderbar

Durch mich fließt ein Gedicht
Aus Gottes Hand zum Leben
Ein Dichter muss nicht streben
Nur sich Ihm hingeben

Dann geschieht es ohne Mühen
Dass ein ganzer Band entsteht
In Tagen oder Wochen
Wie ein Wasserfall

Der Dichter lernt das Denken lassen
Es ist kaum zu fassen
Aber es ist wahr
Ein wahres Gedicht entsteht
Wunderbar

Nur Gott

Du liebste kleine Rose
Bist mir scheinbar nah in Worten
Doch ach so fern im Leben

Du liebster Mond ich sehe nur
Was die Sonne zeigen mag
Ich seh´ Dich meist nur nächtlich
Und selten nur am Tag

Du ich hab gelernt Dich bloß zu kennen
Nur manchmal merk ich schmerzlich
Nur Gott ist immer herzlich

Nimmer mehr

Ich lauschte auf das Trommeln
Und schlief noch einmal ein
Bald träumte ich von Stürmen
Von Schattenreichen Türmen
Auf steilen Klippen thronend
Schienen sie weit hinaus auf See

Als ich dann erwachte
War es Winter schon geworden
Alle Menschen schliefen
Hier im dunklen Norden

Ich schaute aus dem Fenster, sah:
Am Waldrand trottete ein Troll entlang
Knorrig, alt und einsam
Trolle sind selten geworden!

Bald knisterte es im Kamin der kleinen Hütte
Ich dachte an den alten Troll und suchte
Am Waldrand seine Spuren
Doch fand sie
Nimmer mehr

Nasse Erde

Ich stehe in der schweren Erde
Nass durchtränkt zur Regenzeit
Unten wird sie langsam wärmer
Oben dunkelt's immer mehr

Ich grabe in die Tiefe fort
Ein Pferd bezeugt es von der Koppel
Freundin Meise zwitschert leise
Eine kleine Abschiedsweise

Meine Schuhe werden immer schwerer
Und der Graben tief und lang
Ich lege mich hinein und warte
Bis der Frühling kommt

Tschernobyl

Das Blatt mit dem Datum, mit der Zeit
Liegt noch heute auf dem Tisch

Zurückgelassen steh´n die Möbel
Auch manche Schuh' steh´n an der Türe

Die Schmelze hat sie fortgetrieben
Alle Menschen weit und breit

Viele mussten sterben
So viel Leiden

Gerippe-Geisterhäuser wiegen
Leicht im Atomaren Sommerwind

Ein totes Karussell mit Pferden
Dreht sich festgerostet nicht

Touristen nehmen Zähler in die Hände
Strahlungswert als Sensation

Besuchen auch die bleiche Kirmes
Und das leere Krankenhaus

Stolze Selfies vor´m Reaktor
Zu Hause prahlen
Coolnessfaktor

Traumblase

Ich vermag zu arbeiten jedoch
Wie in einer Traumblase ist mir heute
So unwirklich, so irgendwie fremd
Dumpf verhallen alle Klänge
Wie in einem tiefen Loch

Meine Freundin das Rotkehlchen
Kommt daher und singt
Vom verwehten Sommerwind
Dann fliegt es fort und ich
Ich bleib allein zurück

Laterne

Zitternder Ast-Schatten
Im Abend-regen
Die Laterne spricht:
Rette Dich aus dem Dunkel
In mein Licht

Eine Runde gehen

Eine Runde gehen
Im Anflug von Winter-Kälte

Kleine Vögel sammeln sich
Auf den Drahtseilen der Masten
Wie Artisten vor dem Sprung

Mein Weg führt geradeaus
Durch die Plantage meiner Existenz
Auf dem leeren Feld steht
Ein einsamer Pflug ohne Arbeit

In der Ferne rauscht es von der Landstraße her
Autos sausen irgendwo hin wo ich nicht bin

Die Pfützen reflektieren bloß das grau, immer grau
Und beim Obsthof leuchten schon die
Weihnachtslichter

Ich stolpere aber überwinde einen Eisengulli
Dampfendes Tor zur Unterwelt

Die Dämmerung tastet sich langsam
Ins trübe Licht des Nachmittages vor
Verdrängt es bis es dunkel ist

Einsam droht die bibbernde Novembernacht

Eine Runde gehen
Im Anflug von Winter-Kälte

Zeit

Der Strom der Zeit ist rasend
Er reißt uns alle mit sich fort

Am Zukunftsort finden wir uns wieder
Viel zu bald
Immer viel zu bald
Und wissen nicht wo sie geblieben ist

Und niemals ist sie uns recht
Unsre Zeit zu gehen

Doch schau auf die geschenkte Zeit
War sie nicht reiner Gnade
Ein Geschenk?

Alles

Wenn ich weiß
Ich muss einmal geh'n
Kann ich das Leben neu versteh'n

Wenn ich weiß
Ich kann nicht ewig bleiben
Kann dies mir die Richtung zeigen

Wenn ich weiß
Ich vergehe, vergehe
Dann ändert dies

Alles

Einsam

Wenn es spät wird
Und Elfen auf den Dächern tanzen
Denk ich an Dich

Du bist dem Nordlicht hier so ähnlich
Flackernde Schöpferliebe
Vage wie ein Nebel
Verwehst du
Wenn ich dich frage
Kommt nie etwas zurück

So geh ich einsam schlafen
Und frage mich in wüsten Träumen
Gibt es sie da draußen noch?

Supermänner

Vom Suchen bin ich müde
Enttäuscht immer am Ende
Denn sie antworten nicht

Warum antworten sie nicht?

Sie wollen kein Hallo
Hallo bedeutet auf Wiedersehen

Sie wollen kein schönes Bild
Wage es nicht sonst ist es aus
Bevor es begann

Was nur wollen sie?

Ich bin erledigt was das betrifft
Zweifle an mir selbst bereits
Dabei sollte ich doch Mitleid haben
Weil sie einer Illusion erliegen

Dich

Ich vermisse Dich
Obwohl ich Dich noch nicht kenne
Und ich kenne Dich
Obgleich ich Dich noch nie gesehen habe

Motivation

Hörst Du das?
Das ist der Regen
Er sagt tröpfelnd Hallo

Nimm Dir die Zeit
Auf seinen Klang zu lauschen

Nimm Dir den Schirm
Geh nach draußen

Spät-Herbst-Impression

Es ist so ruhig heute
Das macht der Sonntag

In der Ferne erklingt eine kleine Glocke
Ein paar nur gehen in die Kirche

Vereinzelt doch ein Autobrummen
Winterreifen auf nasser Fahrbahn

Und diese Luft
Diese frische Luft!

Später Herbst

Draußen riecht es nach Kamin
Das Herbstleuchten ist stumpf geworden
Die Pfütze am Tor wird langsam tiefer

Braun verblüht sind die Hortensienkugeln
Und der Regen hört und hört nicht auf

Titanic-Flackern in der Stube
Vielleicht fällt der Strom bald aus

Die Uhr Tickt
Traum-Stimmung
Wärmflaschen-Romantik
Tiefer Schlaf
Später Herbst

Norwegen im tiefsten Winter-Weiß
Die Loipe ist Laternen-beleuchtet
Ich sause um eine Kurve
Mitten im Wald
Da seh´ ich noch gerade
Das rote Mützchen flitzen

Ich hatte noch nie zuvor einen Zwerg gesehen
Nun weiß ich
Sie sind ein wahres Märchen

Rot-blauer Winterabend
In eisigen Pfützen spiegeln sich
Bunt bewegliche Lichter
Autos brausen am Ohr vorüber
Kommen und gehen
Kommen und gehen

Ampeln funkeln in der Dämmerung
Nun wird es langsam dunkel
Sehr dunkel

Frostige, Knisternde Winternacht
Schlafen am Feuer
Hinein in den neuen Morgen
Morgen

Ein gelungenes Werk herrscht für viele Jahre
Man zitiert seine Geschichten
Noch immer

Ein gelungenes Werk
Erschöpft sich auch nach Jahren nicht
Man liest und staunt
Noch immer

Ein gelungenes Werk
Auch das passiert:
Wird einmal vergessen
Auch das letzte Exemplar muss einmal
Verbrennen

In hundert Jahren mag es sein
Da wird es keiner kennen

Nächtlicher Frost
Endlich schleicht die Sonne ums Eck
Erweicht selbst eine einsame Amsel
Ein Lied anzustimmen

Fahle Sonne
Astgerippe
Im Hintergrund verschwommen
Die Abtei

Seit Jahrhunderten singen Mönche dort
Singen unter Jesu gold´nem Blick
Geborgenheit in Christus

Und alles hat seine besondere Ordnung
Hier und im Leben
Allgemein

Hab im Laden noch ein Buch gefunden
Als die Abendsonne schon durch bunte Fenster
fiel

Vorm Fensterrund
Verregnet der Abend
Mein Kaffee dampft
In die frühe Dämmerung

Auf dem Winterlichen Flohmarkt liegt
Ein Schatz verborgen
Liegt zwischen Zeitglas und Küchenwaage
Liegt und wartet auf den Finder
Der kommt daher und kauft den Schatz
Kauft ihn für nur eine Mark und 50 Pfennige
Nimmt ihn mit im Jutebeutel
Ist reich
So reich
Von nun an
Und in Ewigkeit

Unter lauter Plunder
Lag einmal das Buch der Bücher
Bis einer kam und wühlte
Und es wieder fand
Und der Unkundige verkaufte
Für nur 20 Cent

Die Sonne steht tief
Im Februar
Es friert
Der Dichter in seiner Stube
Denkt so an sein Dichten
Muss bald eine Kerze schon entzünden

Dann ist sternenklare Nacht
Pfützen sind gefroren zu lauter Kunstwerken
Eiskristalle rieseln herab
Und alles ist ein großes Wunder

Der Dichter verlässt die Stube
Und tritt hinaus in diesen Wintertraum
Und muss nichts schreiben
Muss nur schauen

Siehe, sagte mal ein weiser Mann:
Es ist alles da!

Voller Eindrücke kehrt der Dichter heim
Er hat nun viel zu schreiben
Der Blick aus dem Eisblumenfenster wird zur
ersten Zeile
Und wieder ist da dieser Satz
Es ist alles da!

Beim alten Kurt brennt leise noch ein Licht
Der Abendhimmel trägt tiefblaue Schlieren
Unbemerkt schleicht Kater Timo vorbei
Es ist noch immer Winter

Am Waldrand steht ein Reh
Ich blinzle kurz
Schon ist es fort
Wie ein Traum

Old Friends (Simon and Garfunkel)

Ach ich kann das immer wieder sehen
Wäre ich doch selbst dabei gewesen
Doch das war zu teuer
So hab ich´s halt versäumt
Sowas gibt's nicht wieder
Doch auf der kleinen Scheibe ist´s
Für immer 2009
Da bin ich ganz dabei
Immer wieder
Wann ich mag
Danke Paul
Und danke Art

Es regnet noch immer
Ich glaub sogar:
Der Regen wird schlimmer
Unten im zweiten Stock
Hat ein Boot fest gemacht
Es rettet sich wer kann

Noch ist´s draußen kalter Winter
Mit Frost und heute: Sonnenschein
Und ich kann den Morgen kaum erwarten
An dem in der Luft ein Hauch von Frühling
weht

Auch in der Wohnung hinterm Eifelturm
wird's endlich Frühling
Schon sitzen bunte Leute im Kaffee an der
runden Ecke
Lesen Zeitung, essen Eclairs
Und freuen sich auf einen langen
Sonnensommer

Es ist Abend geworden doch die Sonne ist
noch kräftig
Hinter der Jalousie pocht warm der Frühling
Aus dem Lautsprecher erklingt Country Musik
Morgen geht´s ins Ahrtal

Kurven schwingen ins Tal
Durch Felsen führt ein Pfad

Schmetterlinge falten durch die Luft
Durch grünes Laub sticht Sonnenschein

Glitzernd plätschert der Strom
Das Ufer kennt keine Zeit

Abenddämmerung im Hotel zur Rebe
Schlafend schweigt schon der Berg

Fledermäuse schwingen im Märchental
Durch die Nacht führt kein Pfad

Glitzernd leuchtet das Dorf dort unten
Die Tankstellenuhr zeigt rot die Zeit

Morgendämmerung im Hotel zur Rebe
Erwachende auf dem Weg zum Frühstück

Ein paar Enten fliegen vorbei
Weisen den Weg zum Wasser

Das kühle Wasser wartet schon
Heute ist die Zeit zur Taufe

So funktioniert die Liebe nicht

Schreibe ich lang und breit
Antworten sie kurz und knapp

Halte ich mich kurz
Möchten sie es lang

Winke ich ihnen zu
Finden sie es billig

Kommt ein Prinz auf einem Gaul
Ist es ihnen zu unrealistisch

Sie suchen eigentlich nicht
Sie sind eingebildet und finden nie

So funktioniert die Liebe nicht

Sehnsuchtssonntag

Coralie Clément singt *La contradiction*
Ich liebe Französisch
Weil ich es nicht kann

Schwarz-weiße Postkarten-Cafés
Ich liebe Paris
Weil ich es nicht kenne

Irgendwann fahre ich hin
Dann wird ein Traum wahr
Dann werde ich es kennen

Der Frühlingshimmel ist bedeckt
Ich lausche einem Traumlied
La mer opale singt sie flüsternd

Draußen singen Vögel
Es ist Brutzeit
Bald rufen die Kleinen nach einer Mahlzeit

In etwa einer Stunde läuten wieder die
Glocken
Dann versammeln sich jene die noch glauben
mögen
Das ist selten geworden

Der Frühlingshimmel wird sich öffnen
Ich lausche immer noch
La mer opale singt sie flüsternd

Gitarrenklänge
The Boxer

Joan Baez
Mit Paul Simon im Duett

Wie die Zeit vergeht!
Joan und Paul

Und ihr Lied klingt
Nach einer Freundschaft
Die nie alt wird

Die Stimmen sind anders
Leid-Erprobt vielleicht

Und die Menschen
lauschen noch immer gern

We Shall Overcome

Ein wundervolles Lied
Gegen den Krieg

Doch sie singt es nicht mehr
Warum nur

Warum nur
Singt sie es nicht mehr

Ein wundervolles Lied
Gegen den Krieg

Was ist gescheh´n?

Gute Nacht

So surreal
Dieses Licht
Abend im Gartenland

So surreal
Diese tiefe Sonne
Abendliches Blütenmeer

Bald will es Nacht werden
Mit Laternenschein
So gelblich schillernd

Gute Nacht

Die Wolken marschieren nun
Hinter den Horizont

Die Sterne treten an zur guten Nacht
Glühend vergeht die Sonne

Kaum zu glauben dass sie einmal nicht immer
scheinen wird
Dass sie einst die Erde fressen soll

Wenn wir alle nicht mehr hier sind
Sondern dort
Bei Ihm

Wenn ich Marschmusik hör
Wird mir so festlich zu Mute

America the Beautifull
Mit Sternen und Streifen

Und diese Statue sieht aus wie Elvis
Und die Taxis dort sind gelb

Ich möchte verloren gehen
In einer Häuserschlucht

Die Mülltonnen sind rund wie
Rauchende Gullideckel

Schwitzende Indianer bauen neue Hochhäuser
Und es riecht nach Hot Dog

Über allem der Sirenenlärm der Polizei
Hubschrauber suchen Verbrecher

Das läuft live im TV
Alles so anders hier drüben

Ein Mann brüstet sich
Er trägt eine rote Krawatte
Die ist viel zu lang
Sein Haar weht nationalstolz

Und über allem weht die Flagge
Mit Sternen und Streifen
Die Band spielt
Yellow Rose of Texas

Der Abend wird schon orange
Die Sonne spiegelt sich im Edelstahl

Die Wagen stehen auf ihren Plätzen
Eine Amsel flattert aufgeregt davon

Der Grill kühlt aus
Zur guten Nacht

So unpersönlich hier im Chat
Wer verbirgt sich hinter
Kryptischen Namensgebungen?
Wer schreibt da?
Ein Phantom?

Gracias a la vida

Nano beginnt
Leidenschaftlich
Die Gitarre klingt
Sanft und Spanisch
Joan singt
Und rollt das „R"
Da ist ganz viel Rhythmus
Wie ein Herzschlag
Tief schürft die Violine
Alle stimmen ein
Danke ans Leben
Gracias a la vida

Ein herrlicher Satz:
„Please welcome Paul Simon"
Und Paul erscheint
Bescheiden

Es gibt ihn noch
Ach, es gibt euch noch
Ich liebe Euch und die Musik
Die ihr der Welt schenkt

Alle sind gekommen
Freunde und Fans
Musiker und Prominenz

Sind es wirklich schon 75 Jahre?

„Ich bin nur ein armer Junge"
Paul singt und Joan stimmt ein
Lai la Lai träumt das Stück mich an ein fernes Ufer

Und sie singen diese zusätzliche Strophe
Nach Veränderungen über Veränderungen
Sind wir doch noch immer dieselben

Ich denke an einen Winter in New York
Da ist dieser Boxer
Wer ist dieser Boxer?
Wir sind es alle

Perlend klingt die Gitarre aus
Applaus

Gott beginnt in mir als Bauchgefühl
Er setzt sich durch und erweicht mein Herz
Und strahlt in Arme und Beine
Und strahlt aus in die Welt und zu den
Menschen
Gott ist da
Immer da

Gute Nacht

Die Zeit
Lief heute langsam
Lief sie überhaupt?
Oder stand sie still?
Wie kann das sein?

Ein langer Tag
Aber so angenehm
Wie in Watte gepackt

Ich erlebe eine ganz andere
Neue Zeit

Arbeiten und dennoch
Daheim sein, das geht!
Wie in einem Wohnzimmer
Mit Plüsch

Jetzt singen noch die Vögel
Der Rasensprenger klatscht
Stimmen in den Gärten
Und der Himmel ist rosa-blau

Bald will es dunkel werden
Morgen ist ein neuer Tag

Und jeder Tag hat seinen Anfang
Verlauf
Und Ende

Gute Nacht

Wo ist der Mond?

Abendblau
Auf Autoscheiben
Im Wendehammer
Einer kleinen Stadt

Sommerabend im April
In der Höhe fliegt ein Flugzeug
Richtung Süden

Die Vögel besingen
Das große All
Von dem sie nichts wissen können

Wo ist der Mond?

Sonnenglanz-Schimmer
Auf kühlem Gestein

Hier gehen Studenten
Ein und Aus
Wie Atemdunst
In einer Winternacht

Lange Haare tragende
Welche ganz in schwarz
Kurze Röcke zeigende
Ballonartig bauschende

Gelbes Schloss
Der Innenstadt
Hinweisende Schilderwälder
Verlocken nach links und rechts

Noch steht das Gittertor weit
Offen
Intellektuelle kratzen
Verzweifelt an den Wänden

Die Vorhalle ist bald ganz verlassen
Eine Nonne geht in die andere Richtung
Davon
Zu Ihm
Der hier
Nicht zu wohnen
Scheint

Gelber Blütenboden
Weiße Apfelzier

Wucher-Klee und
Löwengezähn

Alles so grün jetzt
Mit Himmelblau
Und Wärmestrahlen

Langsam (Despacito)

Ich verstehe den Text nicht
Das Wort fand ich heraus

Langsam
Nur immer langsam

Da viele Lieder von der Liebe handeln
Vielleicht auch dieses

Langsam
Nur immer langsam

Ein Sonnenstreifen dringt durch
Die Jalousie
Reflektiert am Fensterbrett

Das Zimmer liegt im
Sommerhalbdunkel
Drinnen ist es noch erträglich

Howard singt Ich liebe Dich
Natürlich auf Italienisch
Und wer liebt mich?

Der Abend zuvor war kurz
So starke Blockaden
Da saß sie

Körperlich so nah
Innerlich Dekaden entfernt
Eine Silhouette im Bar-Licht

Für über eine Stunde
Und es fehlten mir die Worte
Wie spricht man sich an?

Sie hat sicher eine Nummer
Doch ich versäumte zu fragen
Nun ist sie verschwunden

Ein Schiff ist gesunken
Im Süden
Und wieder singt er dieses Ti Amo →

Lebe wohl
Unbekannte
Schöne

Leb wohl

April

Sonnenseitenstrahl leuchtet durchs Gebüsch
Darin brütet ein Amselpärchen
Es ist wirklich Frühling geworden
und bereits Sommerwarm

Chance vertan
Nun ist sie fort
Und ich weiß nicht wohin

Aus Fehlern lernt man
Auch wenn es sticht
Man lernt daran

Morgen wenn eine neue kommt
Werde ich sie nicht verpassen
Und ihr folgen in den Sonnenschein

Die Violine klagt eine jüdische Weise
So langsam, still und leise
Hab das Mädchen kaum gekannt
Und schon verloren
Diese Gelegenheit kommt nicht zurück
Aber eine neue wartet schon
So bunt ist das Leben
Ja ich glaube: Gott hat einen Plan für uns
Es hatte einen Sinn ihren Weg zu streifen!

Die Violine klagt schon viel fröhlicher
Mit der Klarinette im Duett
Fühl ich mich schon wieder recht daheim
Mit der nächsten wird es klappen
Ganz gewiss
Denn ich habe gelernt
Habe wirklich etwas gelernt:
Chancen muss der Mensch ergreifen
Sonst entgleiten sie ihm
Und die Schönheiten gehen verloren
In der Weite einer wundervollen Welt

Naftules Freilach

Spannungsgeladen setzt die Geige ein
Die Klarinette antwortet
Trällert tief dahin
Verwunschen
Dominierend erzählt sie ihre Geschichte
Das ganze steigert sich noch im Tempo
Duelliert sich partnerschaftlich mit der Violine
bald
Was wollen die Noten uns erzählen?
Geht es um eine vergessene Liebesgeschichte?
Vielleicht
Ja
Vielleicht

Morgengezwitscher und Frühlingshauch
Die Wärme erzählt vom nahenden Sommer

Eine Meise grüßt von der Fußmatte her
Endlich blühen die Bäume

Der Sommer kommt eher
Ach, ich glaub schon ich träume

Doch die kleine Meise flattert davon
Hinein in den heißen Tag im April

Im Traume wird es wieder 1937
Und Johannes Heesters singt

Aus dem historischen Grammophon erklingt:
Ich werde jede Nacht von ihnen träumen

Mit der Liebsten aus dem Tanzsaale schlüpfen
Hinaus auf die verschneiten Straßen jener
Stadt

Und statt aprillenem Sommer
Gleiten die Flocken leise herab

Im Schein der Laternen wirkt alles so
Schwarzweiß

Die kleine Lampe erleuchtet den Globus im Eck
Die Jalousie sperrt die Sonne aus und auch die
Hitze
Und Rosamunde schreibt nicht
Sie schreibt einfach nicht

Dabei ist der Laptop hell erleuchtet
Und das Postfach wartet doch
Ach, sie schreiben nicht
Warum nur schreiben sie nie?

Sie ist doch da draußen irgendwo
Jetzt gerade denkt sie vielleicht dasselbe
Und sucht
Und sucht
Und findet nicht
Und findet nicht
Geradeso wie ich
Wie ich

Doch der Tag muss doch einmal kommen?
Der Tag an dem sie und ich uns finden
Und ich wünschte es wäre heute schon
Denn die Jahre entgleiten meinen Fingern

Sieh:
Morgen bin ich alt und gestern ist vergangen
Dann muss ich gehen
Ohne Dich
Ganz ohne Dich

Xavier singt
Sag es laut

Zu oft schweigen wir
Warum sagen wir denn nichts?

Kommunikation ist alles
Damit es ein Morgen geben kann

Wenn wir nur miteinander sprechen würden
Könnten gar die Waffen schweigen

Und wer seine Liebe nicht bekennt
Ist verdammt zu stiller Einsamkeit

Sag etwas!
So sag doch was!

Eine alte Sehnsucht
Hebt mich in die Höhe
Wie ein Segelflug

Aber Ach
Es war nur
eine schöne Idee

Muss mich erden
Nicht zu viel
Nicht zu viel

Nehme doch dies
Und jenes auch noch
Da muss es wohl
Bei einem Traum bleiben

Es geht vieles im Leben
Aber alles
Alles geht nicht
Geht eben nicht

Dichter
Bleib bei deinen Reimen

Es mag verlockend dir erscheinen
Da sind viele bunte Lichter

Aber dann spürst du deine Grenzen
Und lässt es lieber bleiben

Nicht alles geht
Nicht alles

Wenn ich in den Himmel schaue
Und die weißen Flieger seh´
Nimmt ein Teil von mir reiß aus
Und eilt nach Aubenasson

Oben

Die Wolken hängen heute tief
Und bringen Regen hie und da

Das Windrascheln in den Blättern
Zeugt vom neuen Mai

Ich wär jetzt gern dort oben
Surfend unter Wolkenschlieren

Positive Raserei
Rechts und Links Tiefen-Kilometer

Und dann nach oben
Immer nach oben

Ich weiß dass die Uhr tickt
Aber oft vergesse ich die Zeit

Heute war mir wie auf Watte
So dusselig verschwommen

Der Wind wird nun zum Sturm
Morgen ist Mai

Rosenstolz singt
Gib mir Sonne

In der Ferne dort
Hinter den Wolken
Scheint sie
Die Große helle

Während hier die Stippsen
Die Scheiben kitzeln

Dann wird es endlich wieder Licht
Heimatplanetarium erwecke mich
Zu neuem Leben
Zu neuer Lust am Dasein

Eine neue Hoffnung erleuchtet den ganzen
Raum
Ich finde mich unter Wolken wieder
Hoch über der Erde
Und lebe

Flammendes Gestein
Mintgrüne Häuser im Rauch verschlieren
Vergehen im Schreckens eines Abends

Nachts leuchtet die Lava Rot Orange
Wandert die Straßen hinab
Dann bebt erneut die Welt
Hawaii schläft nicht
Es brennt

Ein Sammler schaut mit seiner Lampe
Tief hinein in einen dicken Eimer
Dort sieh!
Verbirgt sich grünlich schimmernd
Ein kleiner Schatz von zwanzig Cent

Wo der Wald am tiefsten ist

Wo der Wald am tiefsten ist
Treffen sich die Trolle
Gern am Abend
Wenn die Nebel ziehen
Und keiner weiß was sie besprechen
Dort
Wo der Wald am tiefsten ist

Still thront auf einem Berge
Die Burg aus kaltem Stein
Und als es gewittert so am Abend
Umschweben Eulen das Gemäuer

Hinter einem Fenster kerzenflackern
Der einsame Burgherr liest ein Buch
Als die Flamme leis´ erlischt
Schläft er in seinem Ohrensessel ein

Taubenblau allein

Mir ist heut so taubenblau
Die Sonne schwitzt jenseits meines Ortes
Denn ich residiere hinterm Wasserfall
Wo mich niemand kennen kann
Mir ist heut so taubenblau
Allein

Die Mücke surrt herum
Auf und Ab
Und Rechts und Links
Mir schwirrt der Kopf
Dann ist sie
Weg

Geschichte

Im klitzekleinen Laden an der Ecke dort
Türmen sich Berge reinster Poesie
Ein Gedicht voll Ewigkeit
Rankt hinab zum dunklen Ledersessel
Hier sitz´ ich
Nehme alles auf
Vergess es nicht
Und schreibe bald
Schon selbst
Geschichte

Zwischen zwei Schwingen segeln meine
Träume
Dahin
Dahin
Der große Traum vom Fliegen
Fort
Fort
Steigen mit dem Bussard
Nie mehr
Nie mehr
Ein Traum ist ausgeträumt
Vorbei
Vorbei
Doch die Erinnerung bleibt besteh´n
Immer
Immer
Im Traumgebilde gleite ich noch heut
Quer über das Himmelsgewölbe
Und staune über Gottes großartige Natur

Es ist aus

Das Seil ist gerissen
Zu steil gezogen
Nun geht's gen Boden
Es ist aus

Drei Monate gefangen
In der Armee
Simon and Garfunkel sangen ihr
Bridge over troubled water
Und es war schwer
So schwer

Einst schwebte ich
Unter einer Gewitterzelle
Schneller, immer schneller
Und noch immer im Sog
Gefahr!
Dann lichtete sich der Blick
Hinein ins weite, tiefe Land
Entkommen
Ach, war nochmal entkommen

Man sagt in einem Ballon
Da hört man den Wind nicht
Weil man mit ihm weht

So wird man still und leise
Über weite Kreise gepustet
Und merkt es nicht

So still
So still

Dann in der Ferne der Landeort
Kommt in Sicht
Es geht bergab
Zum Land
Zum Land

Ach ist es schon nach acht?
Ich dacht es wär erst um die sechs
Und nun?
Der Abend ist kurz
Will früh in den Schlaf finden
Und im Traum reisen
In den Himmel

Ich mag die Gitarre heut nicht tragen
Still ruhen alle Saiten zur Nacht

Der Mond hängt im Himmel
Und die Sterne sprenkeln herum

Unter einem starken Baum komm ich zur Ruh´
Und schlafe hinein in ein Lied von Simon and
Garfunkel

Der Sprenger sprengt
Die Sonne sonnt
Der Abend abend
Morgen ist eine neue Welt

Es tut gut
Den Horizont
Zu seh´n

Am Abend
Die grünen Tannen
In der Ferne
Zu betrachten

Ach ich wär so gern
In jenem fernen
Eifelwalde

Im Traum in Paris
Regenspiegelnde Gassen
Hinterm Eifelturm
Der am Abend romantisch leuchtet

Mit Ihr
Der Einen

In der Eifel steht verlassen
Ein alter Lanz
Verrostet und
Verregnet
Und alles ist noch drum und dran
Die riesen Räder
Der Federsitz
Und auch der Lenker
In hundert Jahren ein Gerippe
Aus Rost
In weiteren Dekaden schließlich ganz
Vom Wald gefressen
Und vergessen

Ich mag Frankreich

Wo Autos ihren Dienst tun soll´n
Und ansonsten dellen dürfen

Da wär ich manchmal gerne
Wenn ein Deutscher spießig mault

Dann träum ich mich an einen Strand
So mit Baguette und Allem

So locker möchte ich gern selber sein

Ich mag Frankreich

Die Sonne glänzt wie neu erschaffen
Sie begrüßt den frommen Mai
Dienstägliches Himmelleuchten
So hell und deutlich blau
Von der Eifelwiese zu erkennen
Sieben Berge
In der Ferne

Schattenwurf
Unter säuselnden Linden
Steh´n weinrote Schirme am Lädchen
Herr Mannig liest eine Schrift
Hochsommer im Mai
Über eine große Liebe
Dazu wiegen die Äste
Im blütenstaubigen Wind
Die Jugend ist ach
So lang schon
Vorbei

So schweigsam hier
Und Du kamst doch um zu reden

Sei daher selbst der erste Funke
Dann kann etwas entstehen

Noch ist der Wind so lau
Und die Sonne seicht
Doch es wird ein heißer Tag
Im fünften, grünen Monat
Mai

Bald schon zieht am Himmel
Ein erster Gleiter seine Kreise
So elegant
So leise

Dann verlässt er den Bussard
Und nimmt Kurs nach Süden
In die Eifel

Reisend schwebt er hin
Über tiefe Wälder
Und die Lüfte heben
Den Schwingen-Künstler
Immer weiter noch empor

Bald ist er fern von zu Haus
Und dreht sich und saust
Mutig ins weite Land
Davon

Der Vormittag ist heute diesig
Da hebt kein Schwingen-Engel ab
Poliert werden aller Orts die Flächen
Und die Flieger warten
Auf den ersten Sonnenstrahl

Das ist kein Nebel
Das sind tiefe Wolken
Und niemand hebt heute ab
Viele wuseln nach Hause
Und verschlafen den Nicht-Flugtag

Was macht man Feiertags
Wenn Die Sonne sich versteckt
Wo selbst die Amsel schweigt
Weil sie den Sommer so vermisst

Mauer-rauschen

Mauer-rauschen
Das ist die Autobahn

Kleines Haus
Und Gärtchen

Und über Allem immer dieses
Mauer-rauschen

Gebirgsregen

Gebirgsregen
Aus der Höhle schallend zu vernehmen

Peitschend pocht die Flut herab
Sind wir hier noch sicher?

Wir gehen tiefer noch hinein
Und finden nimmer mehr
Hinaus

1920

Gelblich glimmen die Laternen
Unter funkelnden Sternen

Wir schleichen, schlendern
Am Rhein entlang zurück
Nach Haus

Die kleine Wohnung umhüllt uns zwei
Es ist 1920 und die Polster laden ein

Und der Rhein daneben fließt
Wie er immer floss
Noch dann in hundert Jahren
Wenn wir längst erloschen sind
Wie die Laternen am
Morgen

Kanada

Ich wandle leise
In einem schattig trägen Tannenwald
Und erspüre die dunkelgrüne Weite

Auf einer Wiesenlichtung mach ich Rast

Dort sieh!
Ein Affenmensch!
Knackend streift er vorüber
Und bemerkt mich nicht
Er entschwindet wie ein
Kurzer Traum von
Kanada

An senkrechten Klippen
Schwebt zischend ein Gleiter
Saust tief vorbei und steigt
Weit hinauf

Steile Terrassen
Türmen sich auf
Zu Bergen
Darunter und dazwischen
Zieht es munter seine Schleifen
Das Flüsschen Ahr

Blau-weisses Wandgeschirr
Holländische Mühlen im Abendwind

Wer waren diese Menschen?
Bootsmänner und Schneider
Waschfrauen und Kinder

Das Wandgeschirr klimpert
Im atomaren Sommerwind
Versteckt in einsamer Laube
Verlassen und vergessen

Die leere Tasse ruht im Abendrot
Nach einem langen, stillen Lesetag
Ich sitze am Balkon und warte
Dass die Venus kommt die Helle
Stattdessen zieh´n Gewitter auf
Und die vergess´ne Tasse plätschert
Zum Geräusch von Regen
Dämmre ich in einen fernen Traum
Davon

Du bist so Nebelfern verschollen
Manchmal denk ich noch an Dich

Dein Geist mag nun schweben
Jungfräulich
Entfernt
Entfernt
Und ohne mich

Du bist so Nebelfern verschollen
Dann und wann seh´ ich Dich träumend
Dann sprech ich Dich an
Doch Du gehst davon
Immer nur davon

Solang sich meine Uhr noch dreht
Werd ich schreiben
Wenn sie auch ticken mag
Sie macht mir keine Angst
Denn ein Stückchen Zeit bleibt
Gut verborgen in ein paar Zeilen Gedicht
Noch für viele Tage
Darum schreibe ich
Solang sich meine Uhr noch dreht

Keine Zeiten

Mutig stürzen Regentropfen nieder
Ich streife durch den grünen Wald
Am Rand entlang
Wo Pferde schweigen

Unterm Schirm beschützt
Gehe ich für Stunden
Dem Wetter ist eine Gemütlichkeit zu Eigen
Der perlende Tropfentag
Kennt keine Zeiten

1995

Es regnete
Auf dem Flur
Flackerte der Leuchter
Wie auf der Titanic

Gewitter
Dann Stromausfall
Helle Blitze in belgischer
Dunkelheit
In der alten Villa in Mons
1995

Damals in den Achtzigern

Ich erinnere noch den Duft
Von Gummikraken
Die wir als Kinder an die Fenster warfen
Damals in den Neon-Achtzigern

Sandburgen bauen
Der erste Sturz vom Rad
Aha und Modern Talking
Bunte Plastikspardosen
So herrlich durchscheinend
Fanta-Jojos und Cola-Dosen

Mit dem Schlauchboot
Auf dem Tyrifjord
Zur einsamen Insel raus

Spielzeugautos
Kindergartenfreunde
Süßigkeiten von Mami mitgebracht
Aus dem fernen deutschen Land
Im Süden

Meter hoher Winterschnee
Schanzenspringer
Fähnchen schwenken→

Hundewelpe Ole
Im Rucksack
Natur
Nadelwälder
Elchspuren
Wilde Flüsse
Hohe Wasserfälle

All dies und noch viel mehr
Damals in den Achtzigern

Der Tropfentag
Rhythmisiert den trägen Sonntag
Zieh die Decke übern Kopf
Und döse
Der Juni ist schon auf dem Weg

Im Traume
An geheimen Zweigen
Wachsen Wörter
Die zu Versen
Werden

Elfenflüsterei und Poesie
Erreicht den Träumer
Der sie allzu oft
Vergisst

Nur manchmal wird am Morgen
Ein Gedicht in diese Welt hinein
Geborgen

Dichter

Am Morgen
Wenn ich träg erwach
Und Nebelwolken
Haus und Hof
Umschlieren
Grüßt kühl
Die neue Woche
Mich

Am Rosengestell wackeln silbern
Dicke Tropfen leis´ im Wind
Mein leeres Vogelhäuschen wartet
Auf den Besuch der kleinen Meise

Der Nebel wird nicht lichter
Sondern
Dichter

Luxus

In den Federn liegen
Wenn es draußen schüttet
Wenn es donnert und blitzt
Und alle Zeit der Welt haben
Das Prasseln an der Scheibe hören
Und dann langsam einschlafen
Luxus

Dunkelheit

Ein Blitz zittert über den Himmel
Hinten in der Eifel
Wo die Wälder steh´n
Nun hat es einen Baum getroffen
Es zerreißt ihn
Und die Splitter knacken
Noch eine Stunde Regen
Dann wieder
Dunkelheit

Gemütlich

Twilight lauschen wenn die Nacht beginnt
Sich hineinversetzen ins regnerische Forks
Drüben, in Amerika
Das ist
Gemütlich

Abgeschirmt

Eine Elster ist gelandet
Unten an der Ecke
Im roten Ahornbaum
Sicher ist sie dort vom Regen
Abgeschirmt

Wie ein Ufo
Schwebt eine ferne, kleine, weiße
Wolke
Hinten überm Eifelgrün
Als ich ein drittes Mal hinschaue ist sie
Fort

Erwachen

Die Gitarre ruht
Die Melodien schweigen
Die Uhr tickt
Und hinter Scheiben
Singen Sommervögel leise
Serenaden der Liebe
Bis das Licht erlischt
Dann ist wieder Nacht
Bis morgen zeitig
Die Gefiederknäuel erneut
Erwachen

Um die Weide
In der Sonne
Tanzen Löwenzähne
Kleine Schirme
Auf und ab
Und auf und ab

Ein milder Wind erzählt vom Sommer
Der da kommen mag

Ich möchte unter Linden dösen
Wenn Schmetterlinge klappen
Auf und zu
Und auf und zu

Auf der Wiese sollen Pferde weiden
Mit klapperndem Gezähn

Ich schaute diesen Majestäten gerne zu
Und während sie mit dem Schweif die Fliegen
scheuchten
Dämmerte ich in einen tiefen, tiefen Traum
Von Sommerluft

Wenn ich erwache soll die Abendsonne mich
begrüßen
Dann möcht ich in die Ortschaft fließen
Wo bunte Lichter zum Verweilen laden
Dort treff ich ganz sicher Sie
Die Eine

Wochenendblumen rhythmisieren
Den Jahreskreis
Sie blühen auf und am Montag
Trägt der Wind sie fort
Ihre Kinder werden dann
Freitags
Neu
Geboren

Eine Amsel stürzt sich einsam
Von der Tanne
In die Abendluft
Ein letzter Sonnenstrahl
Dann Nacht

Ich möchte im Waldrandschatten
Wandern geh´n
Wenn Sonnenflecken tanzen
Und milde Winde weh´n

Auf einer Holzbank
Möcht ich mich verbergen
Wo mich keiner findet
Nur das flinke Eichhorn
Bevor auch das
Verschwindet

So bleibe ich zurück
Allein
Ach an langen Tagen möcht ich
Dort
Nur
Sein

Manchmal kann ich nicht lesen
Ich nehme ein Buch zur Hand
Und das ist es bald gewesen
Ich ende stumm an einer Wand
Und seh´ vor Ungeduld nicht einmal die eigne
Hand
Vor Augen führ ich mir sodann
Dass ich vielleicht morgen wieder
Lesen kann

Ein Kranich aus Eisen
Durchkreuzt mit Kondenz
Den Himmel eines blauen Tages
So hoch und klein
Da sieht man die Figuren an den Fenstern
nicht
Dennoch sind sie da oben und sie staunen
Beim Blick hinab
Zu
Mir

Vom gold´nen Käfig her

Vom gold´nen Käfig her
Sah er von ferne Männer, Kinder, Frauen
Sah er Pfauen auf seinen eignen Wiesen und
Auen
Sah er den Himmel
Den königlich blauen

Wie den Fischen das Meer
Gehörte ihm das Land
Doch er ertrank
Erstickte wie ein Wal an einem
Einsamen Strand

Er konnte seinen Reichtum nicht genießen
Konnte sich nicht frei hinein ergießen
So dacht er, könnte er beschließen
Sich am frühen Abend einfach zu erschießen

Reich sein
Und dabei doch so allein sein
So ein Leben ist so entsetzlich schwer
Besieht man es mal
Vom gold´nen Käfig her

Irland

In einem Land in dem Ruinen steh´n
Möcht ich in die Landschaft geh´n

In ein Ölgemälde gleichsam ganz hinein
Abends, es darf Regen sein

Hecken säumen alte Straßen
Wir sind es, die die Zeit vergaßen

Eintauchen in mittelalterliche Vergangenheiten
Sich neu begegnen in den grünen Weiten

Ob die Geister hinter dunklen Mauern wohl
noch schreiten?
Und ob es stimmt, dass es sie gibt?

Das weiß ich nicht doch es scheint wahr zu
sein
Geh doch einmal selbst hinein
Gleichsam in ein Ölgemälde
Es darf sicher doch auch Regen
Sein?

Diese Schwüle
Schon am Morgen

Der Kalender mahnt
Kunstvoll an der kühlen Wand

Denn die Frühlingstage gehen schnell ins Land
Ein ganzer Sommer
Er verschwimmt
Und im Dezember fragt man sich
Wo ein ganzes Jahr geblieben ist

Und schon beginnt ein neues Jahr und wieder
Wird der frische Mai zum heißen Sommerwind

Heut bin ich ein Greis
War doch gestern noch ein Kind

Ach, alle Menschen fragen sich
Ganz zum Ende hin
Wo denn all die Sommer sind

Maria Laach Krypta

Die Säulen der Krypta
Jahrhunderte alt
Verweilen stark
Und laden mich ein
Ein Stück meines Weges
Bei ihnen zu SEIN

Die kleinen Fenster leuchten
Das Licht ist gedimmt
Man sagt hier kann man gut beten
Ich weiß dass das stimmt

Drum komm ich mit meinem Leben
Immer mal wieder dort hin
Gott weiß alles
Gott kennt den Sinn

Meer sein

Bernsteinfund
Bei Ostseewind
Bald darf ich wieder
Meer sein

An der Klippe steh´n
Vögel schauen
Und am Wasserhorizont
Schaukelt ein kleines Boot

Worte finden
Gedichte sammeln
Wie schönes Gestein
Am Meeresrand

So gehen wir langsam
Dort entlang
Am Ostseestrand

Der schönste Strand

Auf Felsen verschnaufen
Nach Ostseestrand laufen
Glatte Steine gesammelt
Kunst der Natur
Hier zu Hauf versammelt
Kein Zweifel
Dies ist im ganzen Land
In der weiten Welt
Der schönste Strand

Kreisen

Im Schatten der alten Weide
Ist der Frühsommerwind noch lau
Sich dort versammeln müsste man
Und Lieder könnt man singen
Welche von John Denver
Dann könnte man auf Schwingen
Seiner Poesie
Mit den Adlern in die Höhe kreisen

Gleich

Hör doch
Der Lärm
Ein Raunen
Kommt näher
Und näher
Das ist die rufende Arbeit
Der Tag ist noch weit
Doch hier im Moment
Ist es mir angenehm
Gleich

Jetzt kommt der Regen wieder
Drückt Halme, Gräser nieder
Fegt wie ein Wasserfächer übers Land
Und alle Blumen singen Regen-Lieder

Es trommelt auch die ganze Maiennacht
Vom plätschern bin ich aufgewacht
Alles dunkel rings umher
So dös ich wieder weg und fort

Am neuen Morgen singen keine Meisen
Sie sitzen schweigend und geplustert in den
Hecken
Doch der Regen regnet
Will mich wecken

Bäche werden Flüsse
Seen bald zu Meeren
Milliarden Tropfenküsse
Der Mensch kann sich nicht wehren

Bald muss ich schwimmen oder sinken
Sodann im Glanz seh´ ich ein Winken
Und am Ende geh ich ein ins Ewige
Ins große Licht
Das göttlich selige

Der Grund

Eine tiefe Freude
Kribbelt im Bauch am Morgen
Es ist die Freude Gottes
Die er in Gnade schenkt
Sie breitet sich im Körper aus
Bald ist sie nicht zu halten
Sie muss: Raus
Wenn ein Mensch so leuchtet
Merkens alle: Da ist Gott
Der Grund

Die Sonne glüht auf die Markise
Bis eine Wolke sie verbirgt
Sanft durchweht die Brise
Des Gartens Teppichweiche Wiese
Eine Libelle
Fliegt zur Fensterschwelle
Ich kann die Flügel schrauben sehn
Sie muss wieder entschwinden
Wie die Winde ganz verweh'n

Es ist Juni!

Begonnen hat der erste Junitag
Letzte Nacht mit Blitz
Und Donnerschlag

Ich hab staunend da gestanden
Als sich die Blitze um die Wolken
Wanden

Froh daheim zu sein
Schlief ich mit dem Sturmzug
Wieder ein

Am Morgen waren die Wettergeister
Fort gezogen
Weg die wilden Wetterwogen

Nun auf, auf!
Es ist Juni!

Das muss der Fluch des Jägers sein

Im verlass´nen Jägerhäuschen
Im verirrten Walde
Nahe bei dem Moor
Liegt der Wanderer und lauscht

Was knarzt da in der Finsternis
Der Mondlosen Schwärze um ihn her?
Das muss der Geist des Jägers sein
Auf dem Dachboden
Langsam und schwer
Und ach Schreck
Nun kommt er näher

Der Wanderer ist wie erstarrt
Als nun der Geist des Jägers hell erscheint
Was liegst Du in meinem Totenbette?
Da wird's dem Fremdling Angst und Bange
Er flüchtet panisch in den Wald
Im Moor erlischt bald seine Spur
Vom Sumpf wird er verschlungen
Das muss der Fluch des Jägers sein

Turm-Eremit über Linz

Wendeltreppengestänge
Handgeschmiedet vor Jahrhunderten
Wackelig
Hinauf klettern
In den kleinen Eremitenraum
Dort eine Woche
Einkehr und Besinnung
Gebet
Stille
Ruhe
Endlich einmal Ruhe
Abstand von der Masse
Die dort unten weiter rast

Bad Breisig

Dort am Rhein noch einmal streunen gehen
Zwischen Fachwerkhäusern schlendern
Mit einem Eis aus alter Gasse

In einer Trödelscheune stand
Ein Bild von Jesus
Das heilige Herz

Und wir lustwandelten
Wie durch ein ganzes
Tiefes Meer

Eine Ringeltaube grüßt mich in Gedanken
Ach Erinnerung
Wenn ich dort nur wieder wär

So ganz in hellem Blau

Du schienst verloren
Ein abgeschloss´nes Kapitel
Doch unsere Verbindung bestand
In der Tiefsten Tiefe waren wir
Nie getrennt

Wenn ich Dich so glücklich seh´
Möcht ich genau so frei und fröhlich sein

Du bist wie der Himmel
So ganz in hellem Blau

Im Lebenswald

Ich möcht
Im Lebenswald
Deine Schritte zählen und bewundern
Wie Du und die Natur sich spiegeln
In gegenseitiger Liebe dort
Im Lebenswald

Seelenverwandte

Seelenverwandte finden sich
Immer wieder

Wie weit mag die Strecke sein
Die uns getrennt hat?
Und deren Wege sich doch wieder trafen

Seelenverwandte suchen nicht
Seelenverwandte finden sich
Immer wieder

Endlos

Ich kann jetzt den Kranich falten
Und mit den Gedichten klappt es wieder prima
Draußen ist es heiß
In mir ist eine Sehnsucht

Also mache ich mich auf die Suche
Wieder muss man sagen
Wieder mal
Wenn es doch nur mal Früchte tragen würde!

All das Stöbern auf der Plattform
Doch manchmal ist mir
Als sei der Zug abgefahren
Die Leute sind abgefahren

Da kommt doch keiner hinterher!
Ich bin nicht Prinz
Und hab kein Pferd
Aber Liebe hab ich

Endlos

Ich trinke gerne
Kaffee am Abend
Dann geh ich noch ´ne Runde
Zumindest nehme ich es mir immer wieder vor

Ach wenn ich frei hab
Schlafe ich so viel
Da muss man doch was machen?
Nö, muss man nicht!

Einfach mal halt machen
Am Wochen
Ende

Dann mit Reserven
Auf in die neue
Woche

Herstellung und Verlag:
BoD- Books on Demand, Norderstedt
ISBN: 978-3-7528-6722-0